AF286558

Andreas Giger

Besser leben

Impulse
für Ihre
Lebensqualität

Texte und Bilder von Andreas Giger

Alle Rechte für Texte und Bilder liegen beim Autor

1. Auflage 2009
Satz und Gestaltung: Andreas Giger
Herstellung und Verlag: Books on Demand GmbH, Norderstedt,
www.bod.de

ISBN - 9783839134245

*Lebensqualität
kann man
nicht lernen.*

*Das Denken
darüber
schon.*

Inhalt

Ein offenes Wort voraus

Lebensqualität ist das, worum es im Leben wirklich geht. Davon ist man in Bhutan überzeugt, dem kleinen Königreich im Himalaja, und man hat diesen Gedanken sogar in die Verfassung aufgenommen, als Ziel, statt des Bruttoinlandprodukts das „Bruttoglücksprodukt" zu mehren. Bei näherer Betrachtung ist dabei weniger von Glück als von Lebensqualität die Rede. Also vom Thema dieses Büchleins.

Der zuständige Minister Bhutans zeigte sich in einem Fernsehinterview überrascht und enttäuscht davon, dass die große Finanz- und Wirtschaftskrise bei allen anderen Regierungen so wenig Umdenken ausgelöst hat. Eigentlich, so meinte er mit Recht, müsste doch gerade die Krise zu einer verstärkten Beschäftigung mit der Frage führen, ob es wirklich das oberste Ziel der Menschheit sein könne, immer noch mehr Geld zu scheffeln. Doch von einer solchen Nachdenklichkeit sei weit und breit nichts zu sehen.

Das mag für die Regierungen dieser Welt zutreffen, nicht aber für eine wachsende Schar einzelner Menschen, die verstärkt nach neuen Lebenszielen, Werten und Sinnquellen suchen -und dabei früher oder später auf den Leit-Wert Lebensqualität stoßen. („Leit-Wert" meint das oberste Lebensziel.) Ich hege den hoffentlich begründeten Verdacht, dass auch Sie dazu gehören und deshalb mehr über Lebensqualität lernen möchten.

Genau das können Sie in diesem Büchlein tun – von A bis D. Im ersten Teil lernen Sie die wichtigsten **A**rgumente kennen, die für Lebensqualität als neuen Leit-Wert und als Maßstab für geglückte Lebensgestaltung sprechen. Schließlich möchten Sie ja wissen, warum und wozu es sich lohnt, sich mit Lebensqualität zu beschäftigen, vor allem natürlich mit Ihrer eigenen.

Im zweiten Teil geht es um **B**ewusstwerdung. Bewusste Achtsamkeit für Ihre Lebensqualität im Allgemeinen sowie für die Balance zwischen all deren Bereichen im Besonderen ist das beste Mittel zur Optimierung Ihrer Lebensqualität.

Der dritte Teil handelt von **C**o-Evolution. Wir Menschen sind nicht allein auf dieser Welt. In Bhutan lautet das Ziel, im Einklang mit sich selbst und den anderen sowie mit Natur und Kultur zu leben. Neudeutsch nennt man dies Nachhaltigkeit. Lebensqualität, so viel sei vorweggenommen, gibt es nur nachhaltig oder gar nicht.

Im letzten Teil werden drei **D**enkmuster vorgestellt, deren Nutzung Ihrer Lebensqualität ungemein förderlich sein könnte. Es geht dabei um die enge Verknüpfung von Lebensqualität mit EigenSinn und Zufriedenheit, sowie um die Idee der reifenden Lebensqualität.

Was Sie in diesem Büchlein nicht finden werden, sind wohlfeile Rezepte oder Glücksformeln. Lebensqualität lässt sich nun mal nur individuell definieren und realisieren, und das schließt die Möglichkeit allgemein verbindlicher Gebrauchsanweisungen von vorn herein aus. Ihren Weg in Richtung optimaler Lebensqualität müssen (oder dürfen) Sie ganz allein finden und vor allem gehen.

Bei diesem persönlichen Unterwegssein in Richtung einer besseren Lebensqualität können allerdings Skizzen des zu erwartenden Geländes ebenso hilfreich sein wie eine gelegentliche geistige Wegzehrung. Beides möchte Ihnen dieses Büchlein bieten.

Ich wünsche Ihnen eine anregende und zugleich vergnügliche Lektüre und viel nachhaltige Lebensqualität!

Wald, im Herbst 2009

Andreas Giger

Lebensqualität im Trend:

1. Vom Lebensstandard zur Lebensqualität

Der Volksmund weiß es längst: Geld allein macht nicht glücklich. (Dass es allein auch nicht unglücklich macht, steht wieder auf einem anderen Blatt.) Nun wird diese alte Weisheit mehr und mehr auch von wissenschaftlichen Ergebnissen gestützt. Ein einziger Hinweis mag genügen: In den westlichen Ländern gibt es seit Jahrzehnten sowohl eine Messung des BIP (Bruttoinlandprodukts), also des materiellen Lebensstandards, als auch eine des subjektiven Glücksempfindens der Menschen, die eigentlich eher die Zufriedenheit mit ihrer Lebensqualität misst. Während das BIP in dieser Zeit massiv größer geworden ist, blieb das durchschnittliche Glück stabil. Mehr Lebensstandard hat also keine bessere Lebensqualität gebracht.

Warum, so fragen sich deshalb immer mehr Menschen, soll ich meine ganze Zeit, Aufmerksamkeit und Energie in die Jagd nach dem schnöden Mammon stecken, wenn mich ein höherer Lebensstandard doch nicht glücklicher und zufriedener macht? Ja, wenn diese Fixierung auf materielle Werte durch Stress und Gesundheitsschäden, durch Verluste von Beziehungen und Sinnquellen meine Lebensqualität sogar massiv beeinträchtigt?

Um möglichen Missverständnissen gleich vorzubeugen: Es soll hier kein radikaler Anti-Materialismus gepredigt werden. Ein gewisses Maß an materiellen Gütern und Werten ist eine elementare Voraussetzung von guter Lebensqualität. Ganz ohne Knete geht die Chose nicht, und Materie bildet deshalb in meinem Modell von Lebensqualität aus gutem Grund eine eigene Sphäre. Nur eben nicht die einzige.

Wie so oft, wenn es um Lebensqualität geht, handelt es sich bei den materiellen Werten um eine Frage des richtigen Maßes. Auch das weiß an sich der gesunde Menschenverstand, und doch hat sich über die Jahrhunderte in unseren Köpfen eine unheilvolle Überzeugung festgesetzt, wenn es um das richtige Maß in Sachen Lebensstandard geht: Je mehr, desto besser.

Dass das nicht stimmen kann, lernen schon kleine Kinder: Wenn man mehr und mehr von seiner Lieblingsspeise verspeist, folgt unweigerlich der Punkt der Übersättigung. Dass wir uns in den reichen Ländern dieser Erde bei unserer Jagd nach einem immer noch höheren Lebensstandard diesem Punkt annähern, ja, ihn vielleicht schon erreicht haben, ahnen mehr und Menschen. Was keineswegs automatisch dazu führt, dass sie aus diesem Rattenrennen aussteigen.

Das ist auch gar nicht so einfach. Schon das alte Testament der christlichen Bibel weiß um die leichte Verführbarkeit der Menschen durch materielle Güter und

Götter, erzählt in der hübschen Geschichte vom Tanz um das Goldene Kalb: Das Volk Israel befand sich in einer schwierigen Lage, und kaum war ihr Anführer Moses, der es bislang auf einem geistigen Pfad geführt hatte, einige Zeit weg, murrte es und wollte einen handfesten Gott, den es sich dann in Form eines Götterbilds aus Gold auch schuf.

Das Bild vom Tanz um das goldene Kalb passt wunderbar zu den Geschehnissen, die uns schon zu unseren Lebzeiten in mehrere Finanzkrisen hat schlittern lassen. Was auch immer deren Ursachen gewesen sein mögen, eines steht fest: Ohne die tief im Menschen verankerte Gier nach immer noch mehr materiellen Werten hätte es keine solchen Auswüchse gegeben.

Zwei gewichtige Faktoren verstärken diese Gier nach immer mehr, die sich ja keineswegs auf einige verrückt gewordene Banker beschränkt. Zum einen ist es unser Drang nach Vergleichen: Wenn der Nachbar ein schönes neues Auto kauft, brauchen wir auch eines. Lebensstandard ist immer relativ.

Zum anderen ist es unser schwaches Gedächtnis. Kaum haben wir einen höheren Lebensstandard erreicht, haben wir den zuletzt erreichten schon wieder vergessen und uns an den neuen gewöhnt, so sehr, dass er uns selbstverständlich erscheint und wir ihn immer weniger wertschätzen können. Weshalb eine weitere Steigerung her muss.

Wenn jemand, um denselben Normalzustand zu ermöglichen, immer höhere Dosierungen seines Stoffs braucht, dann spricht man von Sucht. Ein weiteres Merkmal von Sucht ist es, dass sich alles nur noch um die Beschaffung von Stoff dreht. Unser Verhältnis zu Geld weist beide Merkmale von Sucht auf.

Das macht es natürlich nicht einfacher, ein neues Verhältnis zu den materiellen Werten zu finden – aber auch nicht unmöglich. Es braucht dazu, wie jeder erfahrene Suchttherapeut weiß, „nur" eine überzeugende Alternative zum Objekt der Sucht, etwas, das besser ist als dieses und alles in allem mehr bringt.

Die Alternative zu Lebensstandard kann nur Lebensqualität heißen. Also weniger Betonung von materiellen Werten und mehr von immateriellen. Nicht immer *mehr* haben, sondern *besser* leben wollen. Qualität statt Quantität.

Dass Qualität Quantität immer schlägt, wissen wir im Grunde unseres Herzens längst. Die Qualität eines Gesprächs, eines Natur- oder Kunsterlebnisses sind allemal mehr wert als ein Zuwachs auf dem Bankkonto. Und wenn reiche Leute viel Geld in Kunstwerke stecken, dann tun sie dies doch wohl deshalb, weil sie wissen, oder wenigstens ahnen, dass geistige Werte letztlich wertvoller sind als Geld.

Fängt man einmal damit an, sich in aller Ruhe und ebenso nüchtern wie liebevoll die Frage zu stellen, worum es im Leben eigentlich geht, ist die Antwort schon vorprogrammiert: ganz sicher eher um Lebensqualität als um Lebensstandard. Das Problem ist nur, dass viele Leute (vermeintlich) gar nie dazu kommen, sich diese Frage zu stellen, weil sie zu sehr mit ihrem Lebensstandard beschäftigt sind und keine Zeit für Nachdenklichkeit haben.

Die gute Nachricht ist, dass immer mehr Menschen sich Zeit für ihre Lebensqualität nehmen. Lebensqualität liegt also im Trend. Und alles spricht dafür, dass es sich dabei nicht um eine Modewelle handelt, sondern um eine nachhaltige Entwicklung.

Lebensqualität als Ziel:

2. Wertvollster Wert

Werte sind ein beliebtes Thema für Sonntagsreden und Hochglanzbroschüren, während im Alltag dann doch wieder handfeste Interessen verfolgt werden: Im Klartext: Über Werte wird mehr geschwafelt als fundiert geredet. Das haben die Werte nicht verdient, dafür sind sie zu wertvoll.

Dabei wäre es so einfach, wenn wir begriffen, dass Werte keine wolkigen akademischen Begriffe sind, sondern ganz einfach all das umfassen, was uns etwas wert, was uns wichtig ist. Deshalb fußt unsere ganze Lebensgestaltung auf unseren Werten: Was uns wichtig und wertvoll erscheint im Leben, das streben wir an, das fassen wir als Ziel ins Auge. Solche Ziele brauchen wir zur Lebensgestaltung. Werte geben uns Orientierung.

Bloß: Welche Ziele sollen wir uns setzen, welche Werte für wertvoll erachten? Früher war das einfacher. Da sagten Kirche und Staat nicht nur, wo Gott hockt, sondern auch, welche Werte gelten. Ob das für jedermann und jedefrau die richtigen waren, wurde nicht diskutiert, und Wahlmöglichkeiten zwischen verschiedenen Werten gab es schon gar keine.

Wie anders ist das heute. Der Supermarkt der Werte bietet eine Riesenauswahl an. Das finden Sie leicht bestätigt, wenn Sie anfangen, eine Liste mit all dem zu erstellen, was Ihnen im Leben wichtig und wertvoll erscheint. Wenn Sie sich dafür richtig Zeit und Muße gönnen, dürfte das erste Blatt schnell voll sein und etliche Fortsetzungen finden. Ich habe selber einmal zu Forschungszwecken eine solche Liste erstellt. Sie umfasste am Schluss 175 Werte, ohne jeden Anspruch auf Vollständigkeit...

Das schafft natürlich Verwirrung. Wer sollte angesichts einer solchen Auswahl an Werten noch den Überblick behalten, wenn es darum geht, die Werte für das eigene Leben zu bestimmen? Wir könnten natürlich auf eine beschränkte Anzahl von Werten setzen, doch ahnen wir, dass uns die solchermaßen ausgeschlossenen ebenfalls lieb und teuer sein könnten.

Es scheint eine Art Naturgesetz zu sein, dass sich aus einem zunächst verwirrenden Chaos im Laufe der Zeit so etwas wie eine neue Ordnung auf höherer Ebene herausbildet. Genau dies geschieht derzeit mit dem Chaos der Werte: Es bildet sich daraus gerade eine neue höhere Ordnung in Form eines neuen Leit-Werts. Und schon ist alles viel einfacher und übersichtlicher.

Die Idee des Leit-Werts besteht darin, einzelne Werte zu bündeln, und die so entstehenden Bündel auf einer höheren Ebene wieder zusammen zu fügen, bis ein mehrstöckiges Haus mit vielen Räumen entsteht, das von einem soliden, alles übergreifenden Dach gekrönt wird. Dieses Dach, eben der Leit-Wert, übergreift alle einzelnen Werte, integriert sie zu einem großen Ganzen, in dem jeder einzelne Wert seinen Wert hat, ohne durch die Zugehörigkeit zum Ganzen seine Individualität aufgeben zu müssen.

Der Leit-Wert ist im großen Orchester all unserer Werte also so etwas wie der Dirigent, der zwar eine wichtige Rolle spielt und in gewisser Weise das ganze Orchester verkörpert, der aber ohne jede einzelne Musikerin und jeden einzelnen Musiker gar nichts wäre. Der Leit-Wert verkörpert also zwar gleichsam die Summe aller einzelnen Werte, ist jedoch ohne diese undenkbar. Aus der Vogelperspektive, die in diesem Fall sinnvoll ist, sehen wir zwar primär das Dach, doch wir wissen, dass es dieses ohne die darunter liegenden Räume nicht gäbe.

Ich kann Ihnen versichern, dass ich im Laufe meiner langjährigen Forschung über Werte, die sich sowohl auf Selbstbeobachtung wie auf die Befragung von Interessierten stützt, so manchen Kandidaten für das Amt eines neuen Leit-Werts geprüft habe. Doch für die Nachfolge des Leit-Werts Lebensstandard hat sich nur eine Kandidatin wirklich empfohlen: Lebensqualität.

Lebensqualität eignet sich zunächst als idealer Nachfolger des alten Leit-Werts Lebensstandard, weil sie alles anzubieten hat, was jener bisher bot. Beide Begriffe beziehen sich auf das Leben, beide sind einfach, klar und verständlich – und zugleich attraktiv. All das ist nötig, um aus einem Leit-Wert ein zentrales Lebensziel zu machen.

Doch im Vergleich zwischen Lebensstandard und Lebensqualität hat Letztere zusätzlich unbestreitbare Vorteile. Da wäre zunächst ihre nicht zu übersehende bunte Vielfalt. Beim Lebensstandard dreht sich letzten Endes immer alles um dasselbe, nämlich um Geld. Und das ist auf Dauer furchtbar langweilig. Lebensqualität dagegen hat, wie wir noch sehen werden, viele Facetten. Sie spielt im Zusammenspiel unterschiedlicher Sphären und ist damit so bunt und abwechslungsreich wie das Leben selbst. Wer wollte sich da ernsthaft auf ein so banales und eindimensionales Ziel wie Geld beschränken?

Der zweite Vorteil liegt in einem fundamentalen Unterschied zwischen Quantität und Qualität begründet: Die Jagd nach immer mehr (Quantität) hat nie ein Ende. Kaum haben wir einen bestimmten Lebensstandard erreicht, können wir uns schon wieder einen noch höheren vorstellen, und so sind wir ständig getrieben von einem Zielhorizont, der sich immer weiter von uns weg bewegt.

Anders ist es jedoch bei Qualität, denn die ist endlich. Für die uns Sterblichen mögliche Perfektion gibt es eine Grenze, die wir nie ganz erreichen werden, der wir uns jedoch immer mehr annähern können. Das ist immer noch eine riesige Herausforderung. Aber das Wissen darum, dass es für die Verbesserung unserer Lebensqualität Grenzen gibt, nimmt viel Druck von uns. Das Streben nach besserer Lebensqualität können wir deshalb viel gelassener angehen als die Jagd nach immer mehr Geld.

Zumal wir dabei einer weiteren bewährten Lebensweisheit frönen können: Wer einen langen Weg vor sich hat, soll sich zwar ruhig am fernen Ziel ausrichten, tut aber besser daran, auf das schon bewältigte Wegstück zurück zu blicken und sich über das Erreichte zu freuen, statt darüber zu jammern, wie viel Anstrengendes noch vor ihm liegt. So kommt einfach mehr Schwung in die Sache, auch auf unserem Lebensweg in Richtung besserer Lebensqualität.

Lebensqualität als Maßstab:

3. Optimaler Peilsender

Ein befreundetes Ehepaar übt eine Sportart aus, die nicht nur weitgehend unbekannt ist, sondern in den Zeiten von GPS auch ziemlich altertümlich anmutet: Im Wald werden verschiedene Peilsender versteckt. Diese gilt es zu finden und anzulaufen, so schnell wie möglich natürlich. Dabei war ich noch nie, ich weiß nur, dass es dazu ein Empfangsgerät für die Signale des Peilsenders braucht. Und dessen Funktionieren stelle ich mir etwa so vor, wie ich es aus alten Filmen kenne, in denen ein Geigerzähler zum Einsatz kommt: Solange keine radioaktive Quelle auftaucht, rauscht das Gerät nur leise vor sich hin. Nähert es sich jedoch einer solchen Quelle, fängt es an, immer lauter und schneller zu rattern. Entfernt man sich davon, wird es wieder leiser.

Wäre es nicht schön, wenn es auch auf unserem Lebensweg ein solches Empfangsgerät gäbe, das uns zuverlässig signalisiert, ob wir uns in der richtigen Richtung auf unser Lebensziel hin zu bewegen, oder ob wir gerade vom Kurs abkommen? Dafür bräuchte es einen Peilsender und ein Empfangsgerät – in meinem Fall, Sie verzeihen mir das plumpe Wortspiel, also so etwas wie einen Gigerzähler.

Den gibt es tatsächlich, und damit natürlich auch einen Müllerzähler oder einen Labovskyzähler. Im Klartext: Wir alle verfügen in unserem Inneren über ein zuverlässiges und ganz und gar persönliches Empfangsgerät für die Signale des Peilsenders, das uns anzeigt, ob wir auf Kurs sind oder davon abkommen.

Und was ist mit dem Peilsender? Den haben wir im letzten Kapitel entdeckt und beschrieben: Wenn der neue Leit-Wert Lebensqualität ist, und wenn eine optimale Lebensqualität damit zum eigentlichen Ziel unserer Lebensgestaltung wird, dann kann dieser Peilsender nur optimale Lebensqualität heißen. Dorthin wollen wir, dieser Punkt zieht uns an.

Dieser Anziehungspunkt kann auf uns nur attraktiv wirken, wenn wir eine gewisse Vorstellung davon haben, was optimale Lebensqualität sein könnte. Die Phantasie, sich eine optimale Lebensqualität vorstellen zu können, haben offenbar die meisten Menschen. Seit Jahren verwende ich nämlich, mündlich wie schriftlich und bei allen möglichen Gelegenheiten, eine Frage, die so beginnt: »Wenn Sie einmal die höchste Lebensqualität, die Sie für sich denken können...«. Und niemand hat bisher reklamiert, das könne er nicht.

Der entscheidende Passus in der zitierten Formulierung lautet übrigens „..., die Sie *für sich* denken können...". Im Gegensatz zur Welt des Geldes, das ein allgemein gültiger Maßstab und ist und für alle dasselbe bedeutet, ist die Welt der Lebensqualität durch und durch individuell gefärbt. Was Lebensqualität bedeutet, kann jede und jeder nur für sich selbst sagen. Was für mich einen Zuwachs auf meinem Lebensqualitäts-Konto bedeutet, zum Beispiel meine Katze, kann Ihres ganz schön belasten, etwa wenn Sie eine Katzenhaar-Allergie haben.

Lassen Sie sich also nie von anderen einreden, was Lebensqualität bedeuten soll. Dafür sind Sie ganz allein zuständig und verantwortlich. Der Peilsender vom Ort Ihrer optimalen Lebensqualität muss von niemandem empfangen werden können als von Ihnen. Nur Ihnen muss er die Richtung Ihres Lebenswegs angeben können.

Den Peilsender hätten wir also, und auch das Empfangsgerät ist in Form Ihrer inneren Stimme bereits vorhanden. Es gibt jedoch Möglichkeiten, dieser inneren Stimme noch etwas mehr Gehör zu verschaffen. Eine davon ist die bereits erwähnte Frage, die vollständig wie folgt lautet: »Wenn Sie einmal die höchste Lebensqualität, die Sie für sich denken können, mit dem Wert 100 beziffern: Wie hoch ist dann Ihre derzeitige allgemeine Lebensqualität (als Ganzes, nicht auf den Augenblick beschränkt)? Ihre tatsächlich empfundene Lebensqualität können Sie mit einer Zahl zwischen 1 und 100 ausdrücken.«

Die so gewählte Zahl können Sie jetzt noch mit zwei weiteren ergänzen, nämlich mit dem Wert, den Sie vor fünf Jahren gewählt hätten, und mit dem von vor zehn Jahren. Wenn Sie diese drei Werte jetzt grafisch auf ein Blatt Papier übertragen und miteinander durch Linien verbinden, erhalten Sie so etwas wie eine Trendkurve. Und damit eine ziemlich klare Aussage darüber, ob Sie auf dem richtigen Kurs in Richtung optimale Lebensqualität sind oder nicht.

Weist die Kurve aufwärts, sind Sie auf dem richtigen Weg. Ihre Lebensqualität ist besser geworden – was wollen Sie mehr? Umgekehrt sieht es schlechter aus. Wenn Ihre Lebensqualität gesunken ist, dürfte etwas schief gelaufen sein.

Was übrigens nicht bedeuten muss, dass Sie daran selber schuld sind. Es gibt nun mal so etwas wie Schicksalsschläge, die unsere Lebensqualität empfindlich beeinträchtigen können, jedenfalls für eine gewisse Zeit. Von außen dagegen große Zuwächse auf unserem Lebensqualitäts-Konto zu erwarten, dürfte sich als wenig sinnvolle Strategie erweisen: Der Hauptgewinn im Lotto sorgt zwar, wie verschiedene Studien zeigen, kurzfristig für ein Hoch an Lebensqualität, doch spätestens nach zwei Jahren hat sich der Effekt verflüchtigt, und das Lebensqualitäts-Konto zeigt denselben Stand wie vor dem Hauptgewinn.

Wie dem auch sei: Der regelmäßige Blick auf Ihr eigenes Lebensqualitäts-Konto in Form der zitierten Frage schärft Ihren Blick dafür, ob Sie auf Kurs in Richtung Ihrer optimalen Lebensqualität sind oder nicht. Was wiederum die Voraussetzung für eine erfolgreiche Kurskorrektur bildet.

Dafür haben wir nicht alle, aber doch die Mehrheit aller Ruder in der Hand. Dass die Außenwelt unsere Lebensqualität beeinflusst, ist unbestreitbar, doch wer nicht davon überzeugt ist, mehrheitlich selbst für seine eigene Lebensqualität verantwortlich zu sein, dürfte dem Ziel einer Optimierung derselben kaum näher kommen.

Das Prinzip Eigenverantwortung findet seine der Zukunft zugewandte Steigerung bekanntlich in Form der sich selbst erfüllenden Prophezeiung. Wenn Sie also die obige Frage vollenden und sich vorstellen, welchen Wert Sie wohl in fünf und zehn Jahren wählen werden, denken Sie daran: Ihre Prognose könnte in Erfüllung gehen.

Es geht um Ihre Lebensqualität:

4. Achtsamkeit als Nährboden

Im ersten Entwurf stand über diesem Kapitel ein anderer Titel: „Achten Sie darauf! (nämlich auf Ihre Lebensqualität)". Das wäre zwar ein gut gemeinter und wohl auch nicht falscher Ratschlag gewesen – doch auch ein Ratschlag ist eben ein „Schlag". Solche Schläge sind auf dem Buch- und Beratermarkt derzeit schwer in Mode. Rezepte und Formeln zur Steigerung des Glücks boomen. Wenn jemand verspricht „So werden Sie glücklich!", wird zugegriffen. Ob solche Versprechen dann auch eingelöst werden, ist eine andere Frage. Ein wirklich erfolgreiches Glücksrezept würde sich selbst ziemlich schnell überflüssig machen. Und davon ist weit und breit nichts zu sehen. Hinter dieser Erfolglosigkeit steckt ein einfacher Denkfehler, nämlich die Vorstellung, jemand anderer könne besser wissen als Sie selbst, wie Sie Ihr Leben gestalten sollen. Dabei sind Sie doch, wenn es um Ihre Lebensgestaltung geht, weit und breit die einzige Expertin oder der einzige Experte.

Und da alle Experten ein heikles Verhältnis zu Belehrungen von außen haben, sind Sie völlig im Recht, wenn Sie im Zusammenhang mit Ihrer Lebensqualität allen Geboten und Verboten mit einem Ausrufezeichen am Schluss gegenüber äußerst kritisch sind. Was keineswegs ausschließt, Ideen, Vorschläge, Anregungen und Impulsen von außen mit offenem Geist zu begegnen. Auch Experten können immer noch etwas dazu lernen.

Es ist der Ton, der einmal mehr die Musik macht. Am Beispiel unserer Kapitelüberschrift lässt sich das schön zeigen: Das zu „achten" gehörige Hauptwort ist nämlich nicht „Achtung!", sondern „Achtsamkeit". Und zwischen diesen beiden Wörtern liegen Welten. „Achtung!" ist ein Befehl, der uns unwillkürlich Hacken zusammenschlagen lässt und uns in höchste Spannungszustände versetzt.

Achtsamkeit dagegen hat mit Behutsamkeit zu tun, ist ein Geisteszustand, der klare Wachheit mit offener Entspanntheit verbindet. Und so absurd es ist, Entspannung mit einem im harschen Befehlston vorgetragenen „entspanne dich!" herbeiführen zu wollen, so wenig lässt sich Achtsamkeit herbei befehlen.

Brauchen würden wir sie allerdings schon, denn ohne eine gehörige Portion Achtsamkeit wird das nichts mit einer besseren Lebensqualität. Unsere Lebensqualität braucht unsere Achtsamkeit als Nährboden.

Was also hat es mit dieser Achtsamkeit auf sich, die in so vielen spirituellen Schulen als höchstes Ziel der persönlichen Entwicklung gilt? Religiöse oder esoterische Hintergründe brauchen wir dabei nicht zu bemühen. Für unsere Zwecke reicht die Erkenntnis, dass Achtsamkeit bedeutet, unser Bewusstsein richtig zu nutzen.

Damit sind wir noch nicht viel weiter, denn auch zur Frage, was Bewusstsein ist und bedeutet, gibt es ganze Bibliotheken. Wieder sind wir pragmatisch und konzentrieren uns auf den Unterschied zwischen bewusster und unbewusster Informationsverarbeitung. Sie kennen das aus eigener Erfahrung. Jede Tätigkeit, die für uns Routine geworden ist, wie etwa Auto fahren, können wir auch ohne bewusste Aufmerksamkeit ausüben. Fahren tut dann gleichsam der innere Autopilot, der bestens funktioniert, auch wenn wir bewusst gerade an etwas ganz anderes denken.

Beim Auto fahren gibt es zwei Situationen, in denen der unbewusste Autopilot nicht genügt, sondern in denen unsere ganze bewusste Aufmerksamkeit gefordert ist: Das Eingeben des Fahrziels in das GPS-System, und das Auftauchen von Gefahrensignalen. Woraus wir verallgemeinern können, dass unsere bewusste Aufmerksamkeit vor allem für langfristige Planung und für ungewohnte, potenziell gefährliche Situationen nützlich ist.

Der Vergleich mit dem Straßenverkehr liegt insofern nahe, als auch unser Leben als ständiges Unterwegssein begriffen werden kann. Sprachbilder wie jenes vom Lebensweg oder vom Schiff, das wir durch die Meere des Lebens steuern, zeugen davon. Dabei geht es uns wie beim Auto fahren: Die meiste Zeit steuern wir unser Lebensgefährt per Autopilot, also unbewusst. Das ginge auch gar nicht anders. Würden wir über jede Entscheidung, die uns unser reichlich komplex gewordenes Leben abverlangt, erst mal bewusst nachdenken, kämen wir morgens kaum aus dem Bett.

Das bisschen Bewusstsein, über das wir verfügen (viel ist es, verglichen mit allem, was in uns unbewusst abläuft, wirklich nicht), setzen wir also klugerweise gezielt dort ein, wo es am nützlichsten ist. Zu diesen sinnvollen Einsatzfeldern für unser Bewusstsein nun gehört nun zweifellos unsere Lebensqualität. Schließlich sind wir uns darüber einig geworden, dass Lebensqualität das ist, worum es im Leben geht, und etwas so wichtiges verdient unsere bewusste Achtsamkeit sehr wohl.

Natürlich können weder Sie noch ich den ganzen lieben langen Tag über Verbesserungsmöglichkeiten für unsere Lebensqualität nachdenken, denn das würde uns daran hindern, unser Leben zu leben und nicht nur zu planen. Aber der eigenen Lebensqualität nie bewusste Achtsamkeit zu schenken, wäre genau so fahrlässig. Es mag ein paar Schoßkinder des Glücks geben, denen eine hohe Lebensqualität einfach so zufliegt. Wir Übrigen sind gut beraten, immer mal wieder in einer ruhigen Stunde bewusst über unsere Lebensqualität nachzudenken.

Im letzten Kapitel haben Sie damit bereits begonnen, als Sie sich gefragt haben, wie hoch Ihre derzeitige Lebensqualität ist, wie sie sich entwickelt hat, und wie sie sich voraussichtlich weiter entwickeln wird. Damit haben Sie den Königsweg hin zu bewusster Achtsamkeit für Ihre Lebensqualität kennen gelernt. Er besteht ganz einfach darin, sich selbst Fragen rund um seine eigene Lebensqualität zu stellen.

Fragen wie: Was bedeutet Lebensqualität eigentlich für mich? Welche Facetten sind mir wichtig, welche weniger? In welchen Lebensqualitäts-Sphären bin ich zufrieden, in welchen nicht? Was sind die größten Lebensqualitäts-Killer in meinem Leben – und was die wichtigsten Lebensqualitäts-Förderer? In welchen Lebensqualitäts-Sphären habe ich vielleicht zu hohe Erwartungen – oder möglicherweise zu tiefe?

Fragen kostet nichts – höchstens die Illusion, es müsse auf jede Frage gleich eine abschließende Antwort geben. Die Optimierung der eigenen Lebensqualität ist ein nachhaltiges Projekt und verdient deshalb ihre ebenso behutsame wie hartnäckige Achtsamkeit.

Lebensqualität hat viele Facetten:

5. Tanz in allen Sphären

In journalistischen Interviews taucht gelegentlich die Frage auf »Was bedeutet Lebensqualität für Sie?« Meist stehen für die Antwort nur wenige Zeilen zur Verfügung, und so beschränkt sich diese auf wenige Punkte wie „befriedigende Beziehungen", „eine sinnvolle Arbeit" oder auch „mein Garten".

Falls Sie dem Vorschlag des letzten Kapitels gefolgt sind und sich diese Frage selbst gestellt haben, mag es Ihnen am Anfang noch gelungen sein, ebenso lakonisch kurze Antworten zu formulieren. Doch je öfter Sie sich fragen, desto schwieriger dürfte das werden. Sie werden feststellen, dass es eine Menge Dinge gibt, die Ihre Lebensqualität ausmachen und beeinflussen, und so wird die Liste mit diesen Punkten lang und länger werden.

Genau das gehört mit zum Faszinierendsten des Phänomens Lebensqualität. Geht es bei der Ausrichtung auf einen immer höheren Lebensstandard immer nur um das Eine, nämlich Geld, und damit um einen kleinen Ausschnitt des gesamten Lebens, so umfasst Lebensqualität so sehr alle Bereiche des prallen Lebens, das wir uns eher fragen sollten, was nicht dazu gehört.

Was wir natürlich nicht tun, denn schließlich zählt die bewusste Wahrnehmung dessen, was alles zu unserer Lebensqualität gehört, zu den Voraussetzungen für deren Verbesserung (oder für den Erhalt eines bereits hohen Niveaus). Bei dieser Erkundung der verschiedenen Dimensionen oder Sphären von Lebensqualität könnte eine Art Landkarte in Form eines Modells nützliche Dienste leisten, wobei wir uns immer bewusst bleiben sollten, dass die Landkarte nicht mit der realen Landschaft verwechselt werden kann, und dass auch ein noch so gutes Modell immer auch anders aussehen könnte.

Das hier vorgestellte Modell hat sich als Hilfsmittel zur Selbsterkenntnis allerdings bereits bewährt. Es umfasst sechzehn Lebensqualitäts-Sphären, die wie folgt umschrieben werden:

Offenheit (Humor, Optimismus, Intelligenz, Zufriedenheit, Konfliktkompetenz). **Beziehungen** (Liebe, Familie, Freundschaft). **Respekt** (im Umgang miteinander sowie mit Natur und Kulturen, Zuverlässigkeit, Treue, Toleranz). **Nachhaltigkeit** (Umwelt-Verantwortung gegenüber nächsten Generationen, soziale Gerechtigkeit, Gleichberechtigung, Menschenrechte). **Gesundheit** (körperlich, geistig, seelisch). **Stabilität** (Tradition, Sicherheit, Kontrolle). **Zeit** (Integration von Vergangenheit, Gegenwart und Zukunft, Lebens-Tempo, Oasen im hektischen Zeitstrom). **Materie** (Einkommen, Besitz, Konsum, Güter). **Raum** (Wohnsituation, Wohnort, Mobilität). **Tun** (Arbeit – bezahlte und freiwillige,

Aktivität, Kreativität, Leistung, Wirkung). **Lebensfreude** (Glück, Genuss, Freude, Abwechslung). **Echtheit** (Ehrlichkeit, Aufrichtigkeit, Wahrhaftigkeit, Selbständigkeit). **Eigenes** (Selbstverwirklichung, Treue zu sich selbst, Unabhängigkeit, Lebensgestaltung nach eigenen Werten, Selbst-Kompetenz). **Reifung** (im Reinen mit sich sein, ständiges Dazulernen, Selbst-Bewusstsein, Vertrauen in inneren Kompass, Weisheit). **Sinn** (Lebens-Sinn, Sinn-Quellen, Naturerleben, Spiritualität, Religion). **Lebens-Kunst** (Sinn für das richtige Maß, Balance zwischen Lebensbereichen, Integration aller Lebensqualitäts-Sphären).

Dazu gehört diese Frage: » Wie wichtig ist jede der folgenden sechzehn Sphären für Ihre persönliche generelle Lebensqualität? Bitte drücken Sie das mit einer Zahl zwischen 1 (völlig unbedeutend) bis 10 (extrem wichtig) aus.« Ihre Antworten können Sie in eine solche Grafik eintragen und sie mit den Durchschnittsergebnissen einer Gruppe vergleichen, die besonders an Lebensqualität interessiert ist:

25

Und schon haben Sie einen wunderbaren Spiegel der Selbsterkenntnis. Sie können darin nicht nur die Bedeutung jeder Sphäre relativ zu den anderen erkennen, sondern auch Gemeinsamkeiten und Unterschiede im Vergleich zu anderen. (Mehr solche Vergleichsmöglichkeiten gibt es übrigens im Internet unter www.spirit.ch.)

Mit ziemlich hoher Wahrscheinlichkeit wird Ihr eigenes Profil eine Gemeinsamkeit mit dem abgebildeten Durchschnittsprofil aufweisen: Die meisten Lebensqualitäts-Sphären sind sehr wichtig bis ausgesprochen wichtig. Natürlich sind die einen noch wichtiger als die anderen, aber keine Sphäre versinkt in absoluter Bedeutungslosigkeit. Für eine hohe Lebensqualität genügt es also nicht, dass nur einige Sphären stimmen. Vielmehr muss jedes einzelne Instrument des ganzen Orchesters gut gestimmt sein.

Dabei haben wir mit dem Modell der sechzehn Lebensqualitäts-Sphären noch nicht mal die einzelnen Instrumente ins Auge gefasst, sondern höchstens die wichtigsten Instrumentengruppen. Jede Sphäre hat in sich wieder viele Facetten. Je mehr Sie sich mit bewusster Achtsamkeit auf Ihre eigene Lebensqualität einlassen, desto mehr solche Facetten werden Sie entdecken, solche, die Sie mit anderen Menschen teilen, und ganz persönliche. (Anregungen dazu gibt es ebenfalls bei ww.spirit.ch.)

So werden Sie sie allmählich entdecken, all jene Aspekte, die zusammen das Orchester bilden, das die Musik Ihrer Lebensqualität spielt. Diese Musik fordert zum Tanz auf, zum ebenso herausfordernden wie beglückenden Tanz in allen uns wichtigen Lebensqualitäts-Sphären zugleich. Woraus Sie übrigens ersehen können, dass nicht nur der Kopf gefragt ist, wenn es um Lebensqualität geht.

Lebensqualität braucht Lebenskunst:

6. Es geht um Balance

Ist unsere generelle Lebensqualität einfach die Summe aller Zufriedenheiten mit den einzelnen Sphären, wie sie im letzten Kapitel beschrieben wurden? Vermutlich nicht. Zu einer Summe addieren kann man ja nur Vergleichbares, und schon Äpfel und Birnen erfüllen diese Bedingung nicht. Wie erst sollten wir da alle Lebensqualitäts-Sphären über einen Kamm scheren können?

Erschwerend kommt hinzu, dass die Sphären und deren einzelne Facetten nicht nur unvergleichbar sind, sondern oft genug auch in Konkurrenz zueinander stehen. In den einfachen Worten des Volksmundes heißt das: Man kann nicht alles haben im Leben. Natürlich wäre es uns am liebsten, wir könnten uns in jeder Sphäre maximal entfalten.

Doch das haben die Götter (oder wer auch immer) für uns Sterbliche nicht vorgesehen. Unser Vorrat an Zeit, Energie, Aufmerksamkeit, Interesse (oder auch an Geld und Möglichkeiten) ist begrenzt. Überall das Maximum realisieren zu wollen, ist eine illusorische Strategie, denn wer überall das Maximum will, erreicht am Ende gar nichts.

Sie haben es in Ihrem Leben bestimmt auch schon erfahren: Wenn man alles auf eine Karte setzt, geht das unweigerlich auf Kosten anderer Sphären. Wer sich maximaler beruflicher Selbstverwirklichung widmet, der wird erleben, wie seine Beziehungen ärmer werden und alles immer weniger Sinn zu machen scheint. Was nur ein Beispiel dafür ist, dass unsere Werte und Lebensziele oft miteinander im Konflikt stehen und dabei um unsere beschränkten Ressourcen buhlen.

Und genau deswegen brauchen wir für unsere Lebensgestaltung jene Sphäre, die im Profil von Seite 25 nicht zufällig zuoberst und damit auf einer herausgehobenen Position steht: Lebenskunst.

Das klingt zunächst bedrohlich, denn wer fühlt sich schon zur Künstlerin oder zum Künstler geboren? Kunst ist doch wenigen Auserwählten vorbehalten, oder? Ob das für die üblichen Künste zutrifft, sei dahingestellt, für die Kunst des Lebens stimmt es sicher nicht. Lebenskunst ist nämlich eher ein Kunsthandwerk, und dafür braucht es neben einer kleinen Portion Talent, über das die meisten durchaus verfügen, vor allem viel Übung und Erfahrungslernen, also etwas, das wir alle einbringen können, wenn uns die Sache wichtig genug ist.

Und wichtig sollte sie uns im Falle von Lebenskunst sein, geht es doch, um das noch einmal zu wiederholen, was nicht oft genug gesagt werden kann, um *Ihre* Lebensqualität. Da lohnt es sich doch sicher, die Herausforderung anzunehmen, Lebenskunst zu lernen.

Worum es dabei geht, ergibt sich aus der Umschreibung der Sphäre Lebenskunst: Sinn für das richtige Maß, Balance zwischen Lebensbereichen, Integration aller Lebensqualitäts-Sphären. Integration ist das Ziel, denn dadurch wird das Ganze tatsächlich mehr als die Summe seiner Teile, fügen sich die einzelnen Sphären zusammen zum Gesamtkunstwerk Lebensqualität.

Das wiederum geht nicht ohne die Kunst, die einzelnen Sphären auszubalancieren, jede zu ihrem Recht kommen zu lassen, ihr genug Raum zu geben, ohne deswegen andere zu benachteiligen oder zu vernachlässigen. Stellen Sie sich dazu vor, Sie seien der Tonmeister, der im Aufnahmestudio die Lautstärkeregler jedes einzelnen Mikrophons so einstellen muss, dass kein Instrument und keine Stimme zu kurz kommt, sondern alles genau so laut ist, wie es sich für einen stimmigen Gesamtklang gehört. Dann haben Sie eine Vorstellung davon, worum es bei der Balance zwischen den Lebensqualitäts-Sphären geht.

Lautstärke ist eine Maßeinheit. Die Tonmeisterin braucht also einen hoch entwickelten Sinn für das richtige Maß. So wie wir alle, wenn es um Lebenskunst geht. Sicher: In manchen Ohren klingt Maß halten oder Mäßigung allzu betulich und bescheiden. Doch es braucht gar nicht besonders viel gesunden Menschenverstand, um zu erkennen, dass der fehlende Sinn für das richtige Maß eines der Hauptübel unserer Zeit ist. Maßlose Gier führt zu ökonomischen und ökologischen Krisen. Maßlose Ansprüche an andere führen zum Scheitern von Beziehungen.

Das Problem mit dem richtigen Maß im Rahmen unserer Lebenskunst liegt natürlich darin, dass uns niemand sagen kann, was das in unserem konkreten Fall genau bedeutet. Denn leider gibt es für das richtige Maß keine allgemein gültigen Maßstäbe. Wieder einmal müssen und dürfen wir das ganz allein herausfinden. Was eine weitere Herausforderung bildet, weil das richtige Maß von gestern nicht zwangsläufig auch das sein muss, was heute oder gar morgen noch stimmt. Eine Lösung für die Balance zwischen den Lebensqualitäts-Sphären, die wir für uns einmal gefunden haben, gilt kaum je für ein ganzes Leben, denn dieses ist in ständigem Fluss und deshalb veränderlich.

Wenn Sie einen guten Kunsthandwerker fragen, woher er wisse, was das richtige Maß sei und wie die Proportionen stimmten, wird er Sie kaum je auf Tabellen und Lehrbücher verweisen. Stattdessen wird er Ihnen antworten, dafür habe er aufgrund langjähriger Erfahrung einfach ein Gespür entwickelt, weshalb er sich in solchen Fragen auf sein Bauchgefühl, auf seine Intuition verlassen könne.

Was er vielleicht nicht erzählt, ist, dass zu dieser Lerngeschichte auch eine ganze Reihe von Fehlern gehört. Es könnte sein, dass es für ihn einfach selbstverständlich ist, dass man beim Entwickeln des Sinns für das richtige Maß vieles ausprobieren muss, um herauszufinden, was funktioniert und was nicht, und das geht nun mal nicht ohne „Fehler", die das ja nur bleiben, wenn man nichts aus ihnen lernt. Wobei es auch ein Fehler wäre zu glauben, das richtige Maß stehe ein für allemal unverrückbar fest. Es kann und muss sich natürlich veränderten Situationen und Bedürfnissen anpassen.

All das lässt sich eins zu eins auf das Kunsthandwerk unserer Lebensgestaltung übertragen. Ein flexibles Gespür für richtiges Maß und Balance entwickeln wir durch lebenslanges Lernen. Was den großen Vorteil hat, dass wir darin immer noch besser werden können. Unser innerer Empfänger für den Peilsender „optimale Lebensqualität" wird durch bewusste Achtsamkeit spürbar genauer und stärker.

Lebensqualität braucht Zeit:

7. Die Langfrist-Perspektive

»Wird im dritten Teil zum Handeln aufgefordert?«, fragte ein Weggenosse, nachdem er die erste Hälfte des Manuskripts zu diesem Büchlein gelesen hatte. Die Antwort kann nur „nein" lauten, denn wie käme ich dazu, über Ihre Lebensqualität besser Bescheid wissen zu wollen als Sie selbst? Und nur dann hätte ich Grund, Ihnen Aufforderungen oder gar Anweisungen zukommen zu lassen. Gut, ich habe im Laufe eines langen Lebens einiges über meine Lebensqualität und sogar über die anderer Leute gelernt, doch das berechtigt mich höchstens dazu, Sie zur Teilnahme an meinen Ideen und Erkenntnissen einzuladen. Was Sie davon für sich übernehmen wollen, ist und bleibt Ihre Sache.

Dabei bin ich neulich – nicht zufällig in der Werbung – über eine Aufforderung gestolpert, von der ich mir kurzfristig sogar vorstellen konnte, sie für unsere Zwecke zu übernehmen. Absender war ein Baumarkt, und gezeigt wurde in dem Spot ein Mann mit zwei offensichtlich linken Händen, der sich vergeblich als Heimwerker abmühte. Bis eine Stimme aus dem Hintergrund erklang: »Mach daraus Dein Projekt!«

Angespielt wird mit diesem Slogan auf die nicht zu übersehende Tatsache, dass der Begriff „Projekt" einen Nerv trifft und vor allem auf Männer, aber nicht nur auf sie, zunehmend attraktiv wirkt. Und tatsächlich: wenn wir etwas zu unserem Projekt machen und uns so damit identifizieren, können ungeahnte Kräfte freiwerden. Insofern erscheint es als keine schlechte Idee, Lebensqualität zum eigenen Projekt zu machen. Freigesetzte Energien können auf dem Weg zu optimaler Lebensqualität sicher nicht schaden.

Das Bild hat nur einen kleinen, wenngleich entscheidenden Haken. Jedes Projekt hat nämlich nicht nur einen Anfang (gut, der könnte bei Ihnen zum Beispiel gerade jetzt sein), sondern leider auch ein Ende. Und das können wir im Falle unserer Lebensqualität nun gar nicht brauchen. Denn wenn wir damit aufhören, uns im Geiste behutsamer Achtsamkeit um unsere Lebensqualität zu kümmern, wächst die Gefahr, dass diese stagniert oder gar sinkt. Wenn schon, müssten wir aus unserer Lebensqualität also ein lebenslanges Projekt machen.

Das empfiehlt sich ohnehin, auch wenn wir, anders als bei einem normalen Projekt, dessen Enddatum nicht zum vornherein kennen. Doch die gedankliche Ausrichtung auf die gesamte Lebensspanne lehrt uns etwas für unsere Lebensqualität Unentbehrliches: eine langfristige Perspektive, das Denken in größeren Zeiträumen, den Sinn für Nachhaltigkeit.

Als Kinder mussten wir alle mühsam lernen, was die Psychoanalytiker Triebaufschub nennen. Als Erwachsene wissen wir, dass die damaligen Bemühungen unserer Erzieher durchaus Sinn machten: Um eines kurzfristigen Vorteils oder Genusses willen lohnt es sich nicht, sich dafür in der Zukunft einen gravierenden Nachteil einzuhandeln. Und ein momentaner Verzicht, der uns kurzfristig durchaus wehtun kann, lohnt sich wegen der langfristig zu erwartenden Erträge.

Leider haben sich alle Bemühungen, den Menschen beizubringen, immer auch an die langfristigen Folgen und Konsequenzen ihrer Entscheidungen und Handlungen zu denken, als nicht sehr wirksam erwiesen. Wohl haben wir grundsätzlich die Fähigkeit, uns verschiedene, durchaus auch längerfristige Zukünfte auszumalen, doch ist diese Stimme im Chor unseres Bewusstseins eher schwach und leise, so dass sie sofort untergeht, wenn eine Stimme aus der Gegenwart mit einem vermeintlich dringenden Anliegen Anspruch auf Gehör erhebt. Und so schlägt kurzfristiges Denken im Zweifelsfall die Langfrist-Perspektive immer.

Die Gier nach möglichst schnellem Profit bildet dabei nur die Spitze jenes Eisbergs, der unsere gesamten Probleme mit einer wirklich langfristigen Perspektive umfasst. Doch gerade die Wirtschaft zeigt, dass es auch anders geht. Vor allem Unternehmen in Familienbesitz orientieren sich in der Regel viel langfristiger als solche mit anonymen Besitzern, nicht zuletzt deshalb, weil sie immer auch schon an die nächste Generation denken müssen. Das ist zwar keine Garantie für den nachhaltigen Erfolg eines Unternehmens, aber es verbessert die Chancen dazu ungemein.

Genau dasselbe gilt für unsere Lebensgestaltung, die ja manches mit der Führung eines Kleinunternehmens gemein hat. Hier wie dort geht es zunächst um die

Sicherung des langfristigen Überlebens und dann um ein organisches (inneres) Wachstum. Und so wie es in einem Unternehmen gefährlich ist, durch kurzfristige Gewinn-Abschöpfung die langfristige Kapitalsicherung aufs Spiel zu setzen, so ist es in unserem Leben nicht zu empfehlen, wegen schneller Gewinne auf unserem Lebensqualitäts-Konto dessen nachhaltige Substanz zu verspielen.

Unter den wenigen mir verbliebenen lateinischen Bruchstücken mag ich in unserem Zusammenhang ein Satzende besonders, das wörtlich übersetzt heißt: »...und bedenke das Ende!« (... et respice finem!) Freier übersetzt verstehe ich es als Aufforderung, mir mein Leben gelegentlich vom Ende her zu denken, indem ich mich frage, wie ich im letzten Stündlein gerne auf meine Lebensqualität und deren Entwicklung zurück blicken möchte.

Wenn Sie nicht gerade Nonne oder Mönch sind, werden Sie kaum in der Lage sein, ständig so zu denken. Das muss Sie nicht beunruhigen. Unsere Lebensqualität erheischt keineswegs ständige Aufmerksamkeit. Gelegentliche dagegen schon. Und dabei lohnt es sich, nicht nur eine Momentaufnahme der aktuellen Gegenwart zu machen, sondern auch zurück und voraus zu blicken, also sich nicht nur zu fragen „wo bin ich?", sondern auch „woher komme ich?" und „wo will ich hin?"

So stellt sich die gewünschte Langzeit-Perspektive ganz von selbst ein. Und damit Nachhaltigkeit: Das Wort „nachhaltig" wird hier nämlich, wie im Sprachgebrauch zunächst üblich, gleichgesetzt mit „langfristig".

Selbst die höchst nützliche und sinnvolle Geschichte mit der Langfrist-Perspektive kann man allerdings übertreiben. Immer nur an übermorgen zu denken, kann das Vergnügen an der Gegenwart vergällen. Da gibt es nur eines: Sinn für Balance und das richtige Maß.

Die Idee der Nachhaltigkeit:

8. Der ganzheitliche Blick

Manche Formulierung verwende ich deswegen gerne, weil sie zwei Botschaften zugleich enthält. So geht es mir mit dem Begriff „Nachhaltige Lebensqualität". Er verweist zunächst, wie im letzten Kapitel geschildert, auf die Langfrist-Perspektive von Lebensqualität und fordert uns auf, diese nie ganz aus dem Auge zu verlieren. Und er nimmt zugleich Bezug auf die Idee der Nachhaltigkeit, von der im öffentlichen Diskurs immer öfter die Rede ist.

Dass ein Begriff in aller Munde ist, bedeutet jedoch keineswegs automatisch, dass er auch von allen Gehirnen wirklich verstanden wird. Das gilt auch für den Begriff der Nachhaltigkeit, um den herum es viel Verwirrung gibt. Dabei ist die Idee der Nachhaltigkeit gar nicht so schwer zu verstehen.

Ihre Wurzeln hat die Idee in der Forstwirtschaft. Dort geht es ohnehin nachhaltig – im Sinne von langfristig – zu, denn ein Baum braucht bekanntlich ein paar Jahrzehnte, um sich zur vollen Größe zu entwickeln. Zudem leuchtet es ein, dass man dem Wald nur so viele Bäume entnehmen kann, wie man neue hoch kommen lässt oder pflanzt, wenn man langfristig Bestand und Erträge sichern will. Diese Einsicht kann sich durchsetzen: Die Schweiz kennt seit der zweiten Hälfte des 19. Jahrhunderts ein Gesetz, das eben dies vorschreibt: Wer rodet, muss entsprechend neu anpflanzen.

Im Zuge des zunehmenden Umweltbewusstseins in der zweiten Hälfte des 20. Jahrhunderts wurde Nachhaltigkeit dann umfassender definiert. Immer noch geht es darum, auch an das Wohl künftiger Generationen zu denken, doch gilt das nicht mehr nur für Bäume, sondern für alle Ressourcen, über welche die Menschheit verfügt. Ziel von Nachhaltigkeit ist es, mit diesen Ressourcen so sorgsam umzugehen, dass nicht spätere Generationen wegen unserer Verschwendungssucht mit leeren Händen dastehen müssen.

Um welche Ressourcen geht es dabei? Zunächst, wie bei den Bäumen, um unsere natürlichen Lebensgrundlagen, also um frische Luft und sauberes Wasser, um Bodenschätze und Energiequellen, um die Vielfalt von Pflanzen und Tieren. Eine zweite Ebene bilden die ökonomischen Ressourcen, also unsere wirtschaftlichen Lebensgrundlagen. Hier – wie bei allen anderen Ressourcen – besteht die Idee der Nachhaltigkeit darin, von den Zinsen zu leben, ohne das Kapital anzugreifen.

Das gilt auch für das, was man das „soziale Kapital" nennt. Gemeint sind damit alle Formen des menschlichen Zusammenlebens, von der Familie bis zur übernationalen Einrichtung. Wenngleich schwerer zu fassen als Geldkapital wurden auch im sozialen Bereich im Laufe der

Geschichte Werte geschaffen, von denen auch unsere Nachkommen noch profitieren können sollten. Eng verwandt damit ist eine vierte Ebene, die gemeinhin als Kultur bezeichnet wird. Auch die im Laufe der Zeit geschaffenen kulturellen Werte gilt es gemäß der Idee der Nachhaltigkeit zu erhalten, um künftigen Generationen den Zugang zu ihnen zu ermöglichen.

Sie sehen schon aus dieser rudimentären Skizze, dass die Idee der Nachhaltigkeit keineswegs einseitig grün-ökologisch ausgerichtet ist. Sie verführt vielmehr zum ganzheitlichen Blick. Dieser bedeutet zunächst, alle Aspekte, Facetten oder Sphären ins Auge zu fassen und dabei nichts Wesentliches zu übersehen. Und dann geht es um die Kunst, diese einzelnen Sphären mit einem guten Gespür für das richtige Maß auszubalancieren. Im Fall von Nachhaltigkeit lernen wir beispielsweise, dass hemmungslose Naturzerstörung wegen wirtschaftlicher Interessen genau so verwerflich ist wie rücksichtsloser Naturschutz, der Menschen verhungern lässt.

Wie die Beispiele zeigen, ist die Fähigkeit des ganz-heitlichen Blicks nicht sehr weit verbreitet. Sie ist übrigens auch nicht sehr angesehen. Generalisten, die sich um Weit- und Überblick bemühen, haben es schwer. Gefragt sind Spezialisten, die immer mehr verstehen – von immer weniger. In einer stetig weiter zusammenwachsenden Welt, in der immer mehr mit immer mehr zusammen-hängt, kann diese Fixierung auf abgeschottetes Spezialis-tentum nur als der nackte Wahnsinn bezeichnet werden. Gefragt wäre das pure Gegenteil – eben unser ganzheit-licher Blick.

Diesen haben wir jetzt anhand der Idee der Nachhal-tigkeit kennen gelernt, und die Parallelen zu unserem eigentlichen Thema Lebensqualität sind nicht zu überse-hen. Wenn wir uns unserer Lebensqualität zuwenden, haben wir (mindestens) sechzehn Sphären im Auge zu behalten, und diese gilt es mit dem Sinn für das richtige Maß auszubalancieren. Gefragt ist hier wie dort der ganzheitliche Blick.

Dieser wäre unvollständig ohne Berücksichtigung der Zeitdimension und deren wichtigster Botschaft: Nichts ist beständig außer dem Wandel. Vergessen wir das, geraten wir, bei der Idee der Nachhaltigkeit ebenso wie bei unserer Lebensqualität, leicht in eine Falle: Wir verwechseln dann Nachhaltigkeit mit sturem Konservativismus und glauben, nachhaltig sei es nur, wenn alles gleich bleibt.

Hätte diese Überzeugung schon zu Beginn der Neuzeit dominiert, wären die mittelalterlichen Hüttenviertel nie abgerissen worden und hätten jenen Prachtshäusern und –straßen Platz gemacht, die wir an unseren Städten heute so sehr lieben, dass wir sie am liebsten für alle Ewigkeit konservieren würden. Woraus wir den Hinweis bekommen, dass für den wirklich ganzheitlichen Blick noch eine weitere Fähigkeit dazu kommen muss, nämlich zu unterscheiden zwischen der Substanz, die unbedingt erhalten werden muss, und den äußerlichen Formen, die sich wandeln dürfen und müssen und deshalb nicht absolut schützenswert sind. Das klingt nach einer echten Herausforderung, doch wer hat denn gesagt, Lebensqualität hätte nichts mit Herausforderung zu tun?

Bei der Beschäftigung mit der eigenen Lebensqualität geht der Blick nach innen, bei jener mit einer nachhaltigeren Welt geht er nach außen. Und doch wird für beide Richtungen derselbe ganzheitliche Blick gebraucht. Das erstaunt nur jene, die überall unversöhnliche Gegensätze sehen, etwa zwischen innen und außen, statt Gegenpole, die ohne einander nicht denkbar wären, und zwischen denen das Leben ständig im Fließgleichgewicht hin und her tanzt. Nachhaltige Lebensqualität gibt es nur, wenn wir begreifen, dass das Leben stärker ist als unsere einengenden Vorstellungen davon.

Warum Lebensqualität kein Ego-Trip ist:

9. Jenseits des Tellerrands

Ihnen als aufmerksam lesendem Menschen dürfte es aufgefallen sein: Nachhaltigkeit wird in diesem Büchlein nicht nur als Idee behandelt. Vielmehr ist Nachhaltigkeit auch eine von sechzehn Lebensqualitäts-Sphären. Um Ihnen mühsames Zurückblättern zu ersparen, sei hier die Umschreibung dieser Sphäre wiederholt: Umwelt-Verantwortung gegenüber nächsten Generationen, soziale Gerechtigkeit, Gleichberechtigung, Menschenrechte. Es geht also offensichtlich um Werte, und zwar um Werte für eine bessere Welt, wenn Sie diese leicht pathetische Formulierung verzeihen.

Jemand, der im dualen Denken von sich ausschließenden Gegensätzen gefangen ist, wird sich leicht irritiert fragen, was denn wohl eine bessere Welt mit seiner eigenen Lebensqualität zu tun habe. Schließlich könne sich jemand, der sich für eine bessere Welt engagiere, nicht auch noch um die eigene Lebensqualität bemühen. Diese Vorstellung ist noch erstaunlich weit verbreitet: Sich um seine Lebensqualität zu kümmern, sei ein Ego-Trip, und ein anständiger, sprich nicht egoistischer Mensch dürfe sich diesen Luxus nicht leisten.

Natürlich ist es ein Luxus, sich um seine Lebensqualität kümmern zu können, ein Luxus, den sich nicht leisten kann, wer ums tägliche Überleben kämpfen muss. Doch so jemand wird auch kaum dazu kommen, sich für eine bessere Welt einzusetzen. Für beides ist zunächst die Deckung der Grundbedürfnisse unabdingbar.

Ist diese Voraussetzung gegeben, wie bei den meisten von uns, können wir uns um beides kümmern, und wir haben die Wahl, wie viel wir in unsere eigene Lebensqualität investieren wollen, und wie viel in eine bessere Welt. Das ergibt ein breites Spektrum an Möglichkeiten, und wir alle kennen die extremen Lösungen, den Ultra-Egoisten, dem es egal ist, ob die Welt zugrunde geht, so lange er nur seinen Spaß hat, und die sich selbst vernachlässigende, ja verleugnende Weltverbesserin mit dem Helfer-Syndrom. Wirklich spannend wird es jedoch auch hier nur in der Mitte, wo es darum geht, beiden Polen gerecht zu werden.

Bei der Bewältigung dieser Herausforderung hilft es sich bewusst zu machen, dass sich auch hier innen und außen keineswegs ausschließen, sondern sich im Gegenteil ergänzen, ja bedingen. Das wiederum weiß ich nicht nur von meiner Innenschau, sondern auch vom Blick nach außen auf jene Menschen, die mir in meinen Umfragen Einblick in ihre Sicht von Lebensqualität erlauben. Dabei hilft mir ausgerechnet die mathematisch-statistische Analyse messbarer Daten, was im Zusammenhang mit an sich nicht messbarer Qualität paradox klingt.

Tja, auch rund um das Thema Lebensqualität findet sich so manches paradoxe Element, damit haben wir uns abzufinden.

An dieser Stelle will ich Sie allerdings nicht mit Statistik langweilen, sondern Ihnen die Ergebnisse meiner Analysen mit einem Bild anschaulich machen. Stellen Sie sich vor, die sechzehn Lebensqualitäts-Sphären wären sechzehn Personen, die sich in einem Raum zu einer Stehparty versammeln, und Sie würden diese Versammlung genau beobachten um herauszufinden, wie eng die Beziehung zwischen den Gästen ist. Dabei sind selbstverständlich sowohl positive, harmoniegeprägte als auch negative, konfliktgeprägte Beziehungen denkbar. Uns interessiert eine Gesamtsicht der Beziehungen unter den sechzehn Gästen: Welche Gruppen und Grüppchen bilden sich? Wie nah stehen diese Grüppchen beisammen? Gibt es isolierte Gäste?

Das Ergebnis: In einem ersten Grüppchen stehen die drei Sphären Sinn, Respekt und Nachhaltigkeit eng zusammen. Und eine zweite wichtige Gruppe wird gebildet von den vier Sphären Tun, Lebens-Kunst, Reifung und Eigenes.

Reifung bildet also zusammen mit dem Eigenen, dem Tun und der Lebens-Kunst eine Gruppe. Das macht nicht nur statistisch Sinn, sondern auch inhaltlich: Letztlich geht es bei all diesen Sphären um einen Begriff, der bei der Beschreibung der Sphäre Eigenes auftaucht – Selbstverwirklichung. Wir verwirklichen uns selbst, indem wir unser *Eigenes* leben, aber auch durch unser *Tun*. Und wir brauchen, soll dieser Prozess erfolgreich sein, auch die Fähigkeiten der *Lebenskunst*. Doch Selbstverwirklichung ist nie abgeschlossen, sie ist ein permanenter Prozess – eben der Prozess der *Reifung*. Und führt dieser zum gewünschten Erfolg, nämlich zu mehr Weisheit, können wir mit Fug und Recht von Reifung als Krönung der Selbstverwirklichung sprechen. Durch den Prozess der Reifung gelangen wir immer näher zu unserem Ureigenen, zu unserem Ich, zu unserem Selbst.

Alle vier in dieser Gruppe versammelten Sphären betreffen das eigene Ich. Wir könnten sie deshalb als übergeordnete Sphäre des Ichs bezeichnen. Dies im Gegensatz zum anderen Grüppchen, dessen Zugehörige alle die Ebene des Ichs übersteigen: Die Sphäre *Nachhaltigkeit* umfasst alle Werte, die den Einsatz für eine bessere Welt beschreiben. *Respekt* gegenüber anderen Menschen und Kulturen, aber auch gegenüber der Natur und den nächsten Generationen, geht nicht ohne Preisgabe egoistischer Interessen. Und *Sinn* ergibt sich dann, wenn wir unser Ich in höhere Dimensionen einbinden. Deshalb sprechen wir bei diesem Grüppchen von der Sphäre jenseits des Ichs.

Wo stehen diese beiden Grüppchen nun im Raum? Sind sie weit voneinander weg, einander ausschließend? Keineswegs, auch wenn manche Zivilisationskritiker mahnen, Selbstverwirklichung führe zu abgeschotteter Ichbezogenheit. Denn tatsächlich ist das Gegenteil der Fall. Beide Grüppchen stehen nahe beieinander. Die Statistik bringt es an den Tag: Wer die Sphäre des Ichs hoch einschätzt, tut dies auch bei der Sphäre jenseits des Ichs. Und umgekehrt. Es gibt das eine nicht ohne das andere.

Es gibt also keine Selbstverwirklichung ohne die anderen. Der Blick über den Tellerrand hinaus und der Einsatz für eine bessere Welt erweitern nicht nur den Horizont, sondern verbessern auch die Lebensqualität. Individuum und Welt entwickeln sich gemeinsam und regen sich dabei gegenseitig an. Genau das meint der Begriff der Co-Evolution: Nachhaltige Lebensqualität entfaltet sich dann voll, wenn wir die Verantwortung für unsere eigene Entwicklung ebenso übernehmen wie jene für die Entwicklung einer besseren Welt.

Selbstverwirklichung und mehr:

10. Lebensqualität heißt EigenSinn

Wenn es Denkmuster gibt, welche die Entfaltung unserer Lebensqualität blockieren (wie etwa der Glaube, Selbstverwirklichung und Engagement für eine bessere Welt seien unversöhnliche Gegner), dann muss es auch solche geben, die das Gegenteil bewirken. Drei davon möchte ich Ihnen zum Schluss dieses Büchleins vorstellen, weil sie mir bei der Entfaltung meiner Lebensqualität geholfen haben.

Das erste Denkmuster haben Sie schon kennen gelernt: Lebensqualität ist etwas sehr Persönliches, Individuelles und damit Eigenes. Das äußert sich zunächst darin, dass Lebensqualität für jeden Menschen etwas anderes bedeutet. Nicht etwas grundsätzlich anderes in der Regel, Gesundheit etwa oder Beziehungen sind für die Lebensqualität fast aller Menschen sehr wichtig. Doch was Gesundheit dabei konkret bedeutet, oder wie viele Beziehungen jemand braucht, kann schon ziemlich verschieden sein. Und wenn wir berücksichtigen, dass es allein in unserem Modell sechzehn Lebensqualitäts-Sphären gibt, die unterschiedlich kombiniert werden können, und zudem eine große Zahl weiterer einzelner Elemente von Lebensqualität, dann leuchtet es unmittelbar ein, dass unsere Vorstellungen von optimaler Lebensqualität so individuell verschieden und unverwechselbar sind wie unsere Fingerabdrücke.

Ein weiterer direkter Zusammenhang zwischen unserer Lebensqualität und uns selbst kristallisiert sich in dem schönen Begriff der Eigenverantwortung, abzuleiten aus dieser Frage, die ich in meinen Umfragen zum Thema ebenfalls regelmäßig stelle: »Wer oder was ist für Ihre Lebensqualität verantwortlich – die Außenwelt oder Sie selbst?«

Natürlich gibt es für die Antwort differenzierte Möglichkeiten: „großmehrheitlich", „deutlich mehr", „eher mehr" für die eine oder andere Seite, oder „beide gleich". Bewusst nicht vorgesehen ist dagegen die Antwort „ausschließlich", denn dass jemand ausschließlich die Außenwelt für seine Lebensqualität verantwortlich macht, ist sehr unwahrscheinlich, und umgekehrt wäre es blinde Überheblichkeit, sich selbst ausschließlich dafür verantwortlich zu machen. Zu klar ist es, dass Schicksalsschläge wie etwa der Verlust eines geliebten Menschen die eigene Lebensqualität empfindlich beeinträchtigen können.

Das ändert allerdings nichts daran, dass in allen bisherigen Befragungen eine große Mehrheit eher sich selbst als primären Verantwortungsträger für die eigene Lebensqualität sieht und damit zum Prinzip Eigenverantwortung steht. Und nur eine verschwindend kleine Minderheit schiebt diese Verantwortung auf die Außenwelt ab.

Eigenverantwortung in Sachen Lebensqualität ist Verpflichtung und Chance zugleich. Denn gäbe es in unserer Lebensgestaltung nicht Freiräume, die wir für die Entfaltung unserer Lebensqualität nutzen können, dann wäre es ebenso sinnlos, dass ich dieses Büchlein schreibe, wie, dass Sie es lesen.

Dass es noch einen jedem Individuum sehr eigenen Aspekt von Lebensqualität gibt, habe ich kürzlich erfahren, als ich das erste Mal die Fragen, die Sie schon kennen, in einer Kleingruppe verwendet habe. Es ging um ein Weiterbildungsangebot namens „Neue Perspektiven für Very Experienced Persons", was bedeutet, dass die Gruppenmitglieder alle schon auf eine beträchtliche Lebensgeschichte zurück blicken konnten. Und damit eben auch über sehr individuelle Lebensqualitätsgeschichten verfügten.

Obwohl ich es könnte, schaue ich bei meinen Umfragen nie in einen individuellen Fragebogen, sondern betrachte ausschließlich Gesamtergebnisse und Durchschnittswerte. Bei diesem Kurs nun ließ ich die Teilnehmenden die Zahlenwerte für Ihre aktuelle Lebensqualität sowie jene für Vergangenheit und Zukunft auf ein Blatt eintragen und zu einer Verlaufskurve verbinden. Obwohl vorhersehbar, verblüffte mich das Ergebnis doch: Was sich in der Gesamtschau zu einer Kurve mit sehr flachem Verlauf glättet, setzt sich in Wirklichkeit zusammen aus ganz unterschiedlichen Kurven, in denen sehr wohl auch steile An- und Abstiege vorkommen. Während bei den einen die Lebensqualität im Laufe der Zeit ziemlich stabil bleibt, gibt es bei anderen dramatische Abstürze, aber auch spektakuläre Verbesserungen.

Jede und jeder hat also eine eigene Lebensqualitätsgeschichte. Für diese Geschichte gibt es nur einen interessierten Zuhörer und nur eine mögliche Erzählerin. Beides sind wir selbst in Personalunion, denn erzählt wird darin nicht über äußerliche Stationen unseres Lebenswegs, sondern über Entwicklungen eines inneren Zustands. Für diese ganz eigene und persönliche Bilanzierung unseres Lebens eignet sich das Thema Lebensqualität als roter Faden ganz besonders. Wenn wir uns immer wieder mal fragen, wie es um unsere Lebensqualität zu einem bestimmten Zeitpunkt bestellt war, und womit das wohl zusammen hing, erkennen wir hilfreiche Muster – und womöglich auch so etwas wie einen Sinn dahinter.

Sinn ist eine wichtige Lebensqualitäts-Sphäre, und eine der wichtigsten menschlichen Sinn-Quellen ist die eigene Geschichte. Der Sinn, den Sie darin entdecken, kann logischerweise kein allgemein gültiger sein, er gilt ausschließlich für Sie, ist also ganz und gar Ihr eigener Sinn, Ihr EigenSinn.

Falls Sie sich beim Kapiteltitel über diese seltsame Schreibweise gewundert haben, wissen Sie jetzt Bescheid: Ich will damit vermeiden, dass man bei „Eigensinn" ganz automatisch an störrische Esel denkt, und stattdessen darauf verweisen, dass es sich bei EigenSinn in erster Linie um Ihren eigenen Sinn handelt. Über eine solche eifrig sprudelnde eigene Sinn-Quelle verfügen zu können, ist eine äußerst wertvolle Einlage auf Ihrem Lebensqualitäts-Konto.

Ach übrigens: Eigensinn im klassischen Sinne ist auch nicht so schlecht, wie das die Verfechter stromlinienförmiger Anpassung behaupten. Im Gegenteil. Natürlich kann man es auch damit übertreiben, aber eine gesunde Portion Eigensinn zeugt davon, dass Sie zum eigenen Sinnieren neigen, was für Ihre Lebensqualität sehr förderlich sein kann.

Im Nachlass meines Vaters fand sich dieser Satz, dem ich nichts hinzufügen habe: »Wer sich das Denken abnehmen lässt, dieses einzig absolut Eigene, was der Mensch besitzt, mit dem ist es aus.«

Jenseits des Glücks:

11. Lebensqualität heißt Zufriedenheit

Schon einmal, nämlich bei den Lebensqualitäts-Sphären, haben wir uns abstrakte Begriffe als Personen vorgestellt. Es dürfte Ihnen deshalb nicht schwer fallen, dieses Gedankenexperiment zu wiederholen und sich die drei Werte Lebensqualität, Glück und Zufriedenheit als weibliche Wesen vorzustellen, die um den Titel der Miss Werte wetteifern. (Darüber, dass Glück in unserer Sprache sächlich ist, wollen wir großzügig hinweg blicken.) Wie üblich soll das breite Publikum per Abstimmung die Siegerin küren.

Der Ausgang einer solchen Wahl wäre unschwer vorherzusehen. Auf dem Siegertreppchen würde mit Gewissheit die Kandidatin Glück landen. Sie ist strahlend schön und attraktiv, kurzum zum Verlieben. Alle möchten in ihrer Nähe sein, an ihren Verheißungen teilhaben, etwas aus ihrem großen Füllhorn abbekommen. Deshalb ist ihr die Krone der Miss Werte nicht zu nehmen.

Auf dem zweiten Platz dürfte die Lebensqualität landen. Klingt auch ganz gut, kann man nichts dagegen haben, nur die strahlende Anziehungskraft des Glücks fehlt ihr entschieden. Lebensqualität wirkt dagegen ein bisschen kühl und zurückhaltend, mit weniger natürlichem Charisma gesegnet als das Glück und deshalb chancenlos, bei dieser Konkurrenz Platz eins zu ergattern.

Nur der dritte Platz dürfte für die Zufriedenheit übrig bleiben. Zu bescheiden wirkt sie, zu wenig selbstbewusst, leicht grau und fast schon altjüngferlich. Das klassische Mauerblümchen eben, das wegen mangelnder Attraktivität kaum je zum Tanz aufgefordert wird.

Falls Sie an diesem Wahlausgang zweifeln sollten, gehen Sie mal in die Abteilung „Lebensberatung" einer großen Buchhandlung. Dort werden Sie ganze Regale voll mit Büchern finden, die Ihnen versprechen, das Glück zu finden, doch kaum eines über Lebensqualität und sicher keines über Zufriedenheit. Auch so kann man ermessen, wie attraktiv ein Begriff ist.

Bei Misswahlen zählen bekanntlich nur die äußeren Werte, und deshalb ist in unserem Fall das Ergebnis vorhersehbar. Etwas anderes ist es natürlich, wenn es darum geht, sich mit einer der drei Damen auf eine nachhaltige Beziehung einzulassen. Da lohnt es sich schon, etwas genauer hinter die Fassade zu blicken.

Und dabei schneidet die Kandidatin Glück deutlich schlechter ab als vorhin: Für eine nachhaltige Beziehung ist sie schlicht zu flatterhaft. Nicht nur die großen Dichter und Denker aller Epochen wussten es, auch wir wissen es aus Erfahrung: Dauerhaftes Glück ist ein Widerspruch in sich selbst. Wir hätten es zwar liebend gerne, doch es ist schlicht nicht im Angebot. Und selbst wenn uns das Glück mal etwas länger lacht, wird es bald schal. Glück hat offenbar immer ein eingebautes Verfalldatum. Und eignet sich damit schlecht als Objekt anhaltender Begierde.

Dazu kommt ein nur scheinbar paradoxer Effekt: Je mehr wir dem Glück nachjagen, desto weiter entfernt es sich von uns. Es wäre also nicht sehr weise, Energie in diese Jagd zu stecken. Sinnvoller ist es, abzuwarten und Tee zu trinken, und damit offen zu bleiben für jene Momente, in denen uns das unberechenbare Glück zulächeln will, aber ohne unsere Hoffnungen in die Illusion einer dauerhaften Beziehung mit ihm zu investieren.

Diese gelassen abwartende Haltung gegenüber dem Glück gibt uns mehr Raum, uns den beiden anderen Kandidatinnen zu widmen und ihnen Aufmerksamkeit zu schenken. Warum sich das im Fall der Lebensqualität lohnt, haben Sie in diesem Büchlein bereits zur Genüge erfahren. Doch lohnt es sich auch beim Mauerblümchen Zufriedenheit?

Ja sicher, wenn wir auf eine nachhaltige Beziehung aus sind. So undenkbar dauerhaftes Glück ist, so sehr ist dauerhafte Zufriedenheit ein realistisches Ziel unserer Lebensgestaltung. Und zudem haben wir auf das Erreichen dieses Ziels einen weitaus größeren Einfluss als beim Glück.

Und das kommt so: Zufriedenheit ist im Grunde nichts anderes als der Abstand zwischen unseren Erwartungen und der Realität. Je näher die Wirklichkeit an unsere Erwartungen heran kommt, desto zufriedener sind wir. Der entscheidende Punkt in diesem Messverfahren ist also unsere Erwartung. Und darauf haben wir, anders als bei der Realität, sehr wohl einen entscheidenden Einfluss: Wir wählen unsere Erwartungen nämlich selbst.

Wenn wir unseren Erwartungshorizont zu weit

entfernt von der Realität abstecken, führt das zu chronischer Unzufriedenheit. Und wenn diese Erwartungen zu bescheiden ausfallen, führt das zu lähmender Selbstzufriedenheit. Zur Lebenskunst gehört es deshalb auch, für seine Erwartungen das richtige Maß zu finden. Gelingt uns dies, so führt das zu einer dauerhaften Zufriedenheit, die sich nicht satt zurücklehnt, sondern immer bereit ist, weiter optimiert zu werden.

Sie haben es natürlich längst gemerkt: Als Sie in einem früheren Kapitel Ihre Lebensqualität mit einer Zahl zwischen 1 und 100 „gemessen" haben, haben Sie in Wirklichkeit nicht irgendeine absolute Lebensqualität gemessen, sondern Ihre Zufriedenheit mit Ihrer Lebensqualität. Sie haben ja damals Ihre Erwartung selbst fest gelegt und sie mit dem Wert 100 bezeichnet, und danach den Abstand zwischen diesem Punkt und Ihrer Realität erfasst. Genau so haben wir Zufriedenheit definiert. Wenn wir also von Lebensqualität sprechen, dann ist im Grunde immer von Zufriedenheit mit Lebensqualität die Rede. Das wäre für den dauerhaften Sprachgebrauch zu aufwändig, doch ist es gut, diese Einsicht im Hinterkopf zu behalten.

Lebensqualität heißt also auch Zufriedenheit – doch sind solche Wortklaubereien eigentlich nützlich? Ja, für gelegentliches Nachdenken darüber, das der Klärung dient. Und nein für den alltäglichen Sprachgebrauch. Es hat sich nämlich in zahlreichen Befragungen herausgestellt, dass es fast egal ist, ob man Glück, Lebensqualität oder Zufriedenheit „misst": Immer kommt auf der Skala von 1 bis 100 ein Durchschnittswert von etwa 75 heraus – auch bei meinen Befragungen. Das ist weit mehr als das halb volle Glas und lässt doch Raum für Optimierungen. Wo auch immer Sie derzeit stehen: Mit Ihrer Lebensqualität können Sie im Prinzip noch zufriedener werden.

Rosige Aussichten:

12. Lebensqualität heißt Reifung

Wenn ich vor hundert Jahren verkündet hätte, im menschlichen Leben sei der Höhepunkt an Lebensqualität zwischen fünfzig und achtzig Jahren zu erwarten, wäre ich mit Sicherheit ausgelacht worden. Und zwar nicht nur, weil damals kaum jemand diese Lebensspanne in ihrer ganzen Länge erlebte, sondern auch, weil die allgemeine Erwartung, die durchaus auf Erfahrung beruhte, besagte, nach Fünfzig ginge es nur noch bergab.

Heut zu Tage sieht das anders aus. Immer mehr Menschen hegen nicht nur die Erwartung, es könnte so sein, sondern erfahren es auch am eigenen Leibe. Wobei diese Formulierung nicht ganz glücklich ist. Denn bei der körperlichen Gesundheit, so die übereinstimmende Auffassung, liegt der Höhepunkt in ganz jungen Jahren, und von da an geht es wirklich nur noch bergab. Doch das ist die einzige Ausnahme. Ob geistig-seelische Gesundheit oder Beziehungsfähigkeit, ob Selbstverwirklichung, Sinn-Fähigkeit oder Lebenskunst: Überall erwartet oder erlebt man am meisten Lebensqualität in den Jahren zwischen fünfzig und achtzig. Wir können uns im Lebensabschnitt jenseits der Fünfzig also auf eine immer reifere, eine immer besser gewordene und weiterhin noch besser werdende Lebensqualität freuen.

Die Vorstellung von reifender Lebensqualität ist weniger absurd als sie zunächst klingt. Schließlich gehört Reifung geradezu zum Wesen von Qualität. Zwei der kostbarsten kulinarischen Errungenschaften der Menschheit, Käse und Wein, machen es vor: Zur vollen Entfaltung der Qualitätspotenziale braucht es einen langen Prozess der Reifung.

Wie sollte es anders bestellt sein, wenn es um unsere Lebensqualität geht? Denken Sie nur an die Sphäre Lebenskunst: Der Sinn für das richtige Maß und für Balance gehört sicher nicht zu den herausragenden Merkmalen der Jugend, er muss sich durch Erfahrungslernen erst entwickeln und verfeinern. Und dasselbe gilt für die anderen Sphären unserer Lebensqualität auch. Reifung veredelt Qualität.

Wenn Sie jetzt allerdings glauben, Sie könnten es sich gemütlich auf dem Sofa bequem machen und darauf warten, dass Ihnen die wachsende Zahl Ihrer Jahresringe ganz automatisch eine reifende Lebensqualität beschere, dann könnten Sie sich täuschen. Es gilt nämlich eine unumstößliche Spielregel: Älter werden wir von allein. Reifer nicht. Oder anders gesagt: Die Erfahrungen, die wir im Laufe der Jahre sammeln, genügen nicht, um uns reifer zu machen. Wir sollten aus ihnen schon auch noch etwas lernen.

Das gelingt uns am besten, wenn wir uns noch einmal bewusst machen, worum es in der Lebensqualitäts-Sphäre

Reifung geht: im Reinen mit sich sein, ständiges Dazulernen, Selbst-Bewusstsein, Vertrauen in den inneren Kompass, Weisheit. Um all diese Fähigkeiten zu entwickeln, braucht es viel Hinwendung zu und Zuwendung für sich selbst. Reifung erfordert Innenschau, und dafür braucht es regelmäßiges Alleinsein ohne Ablenkung. Alleinsein hat zu Unrecht einen schlechten Ruf. Dabei ist es geradezu die Voraussetzung für reifende und damit nachhaltige Lebensqualität – in fließendem Gleichgewicht mit dem Zusammensein natürlich.

Hilfreich ist es auch, sich noch einmal die Verwandtschaftsverhältnisse der Sphäre der Reifung vor Augen zu führen. Sie erinnern sich: Reifung bildet zusammen mit den Sphären Eigenes, Tun und Lebenskunst eine Gruppe, die wir die Sphäre des Ichs genannt haben. Zugleich jedoch steht Reifung auch in einem engen Verhältnis zur Sphäre jenseits des Ichs, also zum Grüppchen, das von den Sphären Respekt, Nachhaltigkeit und Sinn gebildet wird. All diese Sphären, angesiedelt in einem weiten Spektrum zwischen Selbstverwirklichung und Einsatz für eine bessere, nachhaltigere Welt, sind also beteiligt, wenn es um Reifung geht.

All diese Reifungsprozesse zusammen ergeben ein Ganzes, das wir als persönliche Evolution bezeichnen können. Anders als die Evolution der Arten verläuft diese nicht blind und zufällig, sondern – wenn sie denn glückt – in Richtung Reife und Weisheit, und damit in Richtung einer sich subtil, aber stetig verbessernden Lebensqualität. Dass unsere persönliche Evolution, unser Lebensschiff, dabei manchmal auch gegen den Wind segeln und damit kreuzen muss, woraus sich alles andere als ein gradliniger Kurs ergibt, versteht sich dabei von selbst. Hauptsache, unser Schiff bleibt insgesamt auf Kurs.

Dabei könnte die Last einer falschen Überzeugung hinderlich sein: Nachhaltige Lebensqualität heißt nicht, dass alles beim Alten bleibt und völlig unverändert durch die Zeit transportiert werden kann. Reifung bedeutet immer auch Wandel. Reifung heißt, im Fluss des Lebens mit zu schwimmen, und dieser Fluss lässt uns nun mal niemals da, wo wir einst waren.

Wenn wir im vollen Bewusstsein im Fluss unseres Lebens schwimmen, wissen wir natürlich auch, dass dieser eines Tages zu Ende kommen und im großen Meer des Unbekannten aufgehen wird. Prosaischer formuliert: dass der Tod irgendwann mal dem Prozess unserer Reifung ein Ende machen wird. Darob können wir zähneklappernd heulen. Oder uns darüber freuen, dass unser Lebensweg endlich ist.

Denn erst diese Tatsache macht es sinnvoll, dass wir uns hier und heute um unsere Lebensqualität kümmern. Lebten wir ewig, würden wir das ständig auf morgen verschieben. Das wäre für unsere nachhaltige Lebensqualität ganz schlecht, denn besser zu leben, erfordert unsere volle Aufmerksamkeit. Zudem brauchen wir das Wissen darum, dass jeder Tag unser letzter sein könnte, um ihn und das, was er an Lebensqualität für uns bereithält, in voller Intensität auskosten zu können.

Zur Vermeidung allzu düsterer Gedanken verlassen wir uns zu guter Letzt wieder einmal auf den Volksmund: Ernst ist das Leben, doch heiter ist die Kunst. Auch die Lebenskunst. Heitere Gelassenheit, in der auch ein gelegentliches Lächeln über die eigenen Bemühungen und Mühen Platz hat, ist die beste Wegzehrung auf unserem Lebensweg in Richtung nachhaltige Lebensqualität.

Mehr Anregendes
rund um das Thema Lebensqualität
finden Sie auf der Internet-Plattform

SPIRIT.CH: FÜR NACHHALTIGE LEBENSQUALITÄT

www.spirit.ch

Mehr über die mittlerweile
15 lieferbaren Bücher
von Andreas Giger,
die meist auch um Lebensqualität kreisen,
finden Sie auf seiner Homepage:

www.gigerheimat.ch